AF280848

Vorbemerkung

Die hier vorgelegten Gedanken stellen eine persönliche Auseinandersetzung mit der Botschaft Jesu Christi dar.

Sie sind meistens durch die liturgischen Texte der Sonntage des Kirchenjahres angestoßen worden und wollen eine Anregung bzw. Hilfe sein für die, die bereit und offen sind, sich nachdenkend mit dem Wort Gottes zu befassen.

Nicht alle Gedanken der jeweiligen zuzuordnenden Bibelstellen werden aufgegriffen sondern einige ausgewählte bzw. bedeutungsvolle Aspekte.

Die Reihenfolge der Meditationen entspricht weitgehend der zeitlichen Anordnung der Texte der frohen Botschaft im Verlauf des Kirchenjahres.

Mit den Überlegungen verbindet der Autor die Hoffnung, dass die, die sie lesen und sich darauf einlassen, selbst ins Nachdenken kommen und sich so auf die Spur der frohen Botschaft Jesu Christi begeben.

Inhaltsverzeichnis

1

Selbstgerechtigkeit

Nein, selbstgerecht, Pharisäer,

möchte ich nicht sein.

Mein Gott, ich bedenke mein Leben.

Ja, manches war nicht recht, was ich getan habe.

Aber ich war dir meistens treu:

Ich habe fast immer die Sonntagsmessen

und auch weitere Messen besucht.

Nein, selbstgerecht, Pharisäer, möchte ich nicht sein.

Ich habe mich in der Gemeinde stark eingesetzt.

Ich war auch oft da für andere,

habe ihnen geholfen.

Ich hatte Mitleid mit Menschen in Not

Und habe Geld gespendet.

Nein, selbstgerecht, Pharisäer möchte ich nicht sein.

Ich habe viel zu dir gebetet, mit dir gesprochen.

Ich hoffe sehr, dass du mit mir

mehr oder weniger zufrieden bist.

Darf ich auf dein Reich hoffen?

Selbstgerecht, Pharisäer, möchte ich nicht sein.

Die hast du oft schlecht gemacht.

Nun stellst du mir den Zöllner vor Augen.

Jemand, der viel Böses getan und

den Menschen geschadet hat.

Ihn stellst du als gerecht dar.

Du behandelst den Arbeiter im Weinberg,

der nur eine Stunde gearbeitet hat, genauso

wie den, der 8 Stunden gearbeitet hat.

Unsere Gedanken sind nicht deine Gedanken.

Deine sind viel mehr als wir erahnen.

Deine Liebe ist grenzenlos.

Dein Herz ist größer als unser Herz.

Vor dir bin ich ein erbärmlicher Wicht,

Mit all meinem Unvermögen,

meinem kleinlichen Aufrechnen

Und mit Vergleichen mit anderen.

Nein, selbstgerecht, Pharisäer, möchte ich wirklich
nicht sein.

Deine Liebe und dein Erbarmen sind größer als alles,

was ich mir vorstellen kann.

Über meine Erbärmlichkeit schaust du hinweg.

Mir fehlen die Worte.

Hier bin ich, sei mir Sünder gnädig!

2

Dein Anspruch – meine Reaktion

Manchmal

Erschreckst du mich, o Herr.

Dein Anspruch scheint mir so hoch,

so unerfüllbar hoch.

Deine Worte fordern mich,

sind mir unbequem,

lassen mir nicht meinen Weg.

Du bist so radikal, eindeutig und unmissverständlich.

Auswege willst du nicht.

Sie wären mir bequemer.

Manchmal will ich mich rechtfertigen,

Dir erklären: Warum, wieso.

So, wie ich es oft im Leben tue.

Du aber willst keine Erklärungen.

Du willst mein Bekenntnis,

meine Liebe,

mein Ja zu dir.

Du willst nicht Hochleistungen der Heiligkeit.

Du willst mein Ja im Reden und Tun,

Mein aufrechtes Bemühen.

Dabei weißt du, dass ich nicht durchhalte,

dass ich falle.

Du willst, dass ich wieder aufstehe,

dass ich dich anschaue,

denn du bist schon da

und reichst mir deine Hand.

Herr, gib mir Mut zum Glauben an dich

Und Vertrauen auf deine Liebe.

3

Der Schächer

Ich habe viel von dir gehört.

Da war doch was mit der Ehebrecherin, -

Dem Zöllner, -

Den Blinden, -

Dem toten Jüngling, -

Dem Gelähmten. -

Von dir habe ich so viel gehört.

Doch die da unten

Verspotten dich.

Sie spucken auf dich.

Sie lachen dich aus.

„Steig doch herab vom Kreuz!"

Aber das tust du nicht.

Du bleibst neben mir.

Warum tust du das?

So viel hab ich von dir gehört.

Du hättest so viel Macht, -

Macht zu heilen, -

Macht zu retten, -

Macht zu verzeihen, -

Macht vergessen zu machen, -

Macht aufzuhelfen.

Gehört hab ich viel von dir.

Du seist der Sohn Gottes, -

Der Gesandte, -

Der, den man schon lange erwartet hat.

Ich glaub', du bist es!

Du sprachst eben von deinem Gott,

deinem Vater, unserem Vater.

Und stirbst doch mit mir!

Mit mir.....-

Gedenke meiner! –

„Noch heute wirst du mit mir im Paradiese sein."

Mit mir –

Du mit mir.

4
Taufe im Jordan
(2. Advent)

Eigentlich

Kann ich es mir nicht erlauben,

hier zu sein und nichts zu tun.

„Kehrt um…!"

Meine Nachbarn haben mich mitgenommen.

Nun stehe ich unter all den Menschen hier am Ufer.

Das Wasser ist sehr laut – wie das Leben.

Der Mann steht am anderen Ufer.

Er hat eine machtvolle Stimme.

„Bereitet dem Herrn…!"

Das Wasser rauscht vorüber - wie das Leben.

Es nimmt mich ganz gefangen und in Beschlag.

„Bereitet dem Herrn den Weg!"

Ja, Gott….- aber das Leben verlangt meinen vollen
Einsatz.

Wer bist du? –

Plötzlich stehst du neben mir unter den Menschen.
„Bereitet dem Herrn...!"

Die Menschen gehen zur Seite
Und machen dir Platz.
Sie schauen dich an.
Du siehst mich an. – Wer bist du?

„Bereitet dem Herrn...!"

Der junge Mann geht nach vorne.
Er will sich taufen lassen.
Johannes will nicht, dass er eintaucht
In das Wasser – des Lebens.

Er soll etwas Besonderes sein.
Wer bist du?

Er spricht mit seinem Vater.
So habe ich ihn verstanden.
Dann taucht er unter.

Alle schauen auf ihn – auch Johannes –
Und sind stumm.

Wer bist du?

Und dann tauchst du wieder auf.
Alles ist irgendwie anders, verändert.
Ich kann es nicht erklären.
Du lächelst und blickst zum Himmel.

Wer bist du?

Ich will jetzt auch in das Wasser,
in dem du warst.
Vielleicht verändert es mich auch –
Verwandelt mich –
dein Wasser, Wasser des Lebens,
so dass ich an dir teilhaben kann.

„Kehrt um…!

Herr, verwandle mich!

5

Mit-Nehmen
(Verklärung des Herrn - 2. Fastensonntag A, Mt 17)

Er nahm sie mit – beiseite.

Wohin?

Sie gingen mit ihm.

Warum?

Ich bin weit weg.

Wo gehen sie hin?

- Auf den Berg,

den Berg des Gebets.

Der Weg geht hinauf.

Sie steigen bergauf – mit ihm.

Der Weg ist mühsam.

Ich bin weit weg –

Hier unten.

Warum tun sie sich das an:

Die Mühe des Anstiegs

Nach dem langen Weg?

- Sie haben Vertrauen.

„Ich bin der Weg."

Der schwierige Weg zur Anhöhe.

Sie gehen mit ihm.

Zum Vater,

zu ihrem,

zu meinem.

Du wirst verwandelt.

Das Gebet verwandelt,

der Weg mit dir verwandelt.

Wohin sollen wir gehen?

- zu Dir.

Herr, nimm mich mit

Auf den Berg der Begegnung,

des Gebets,

damit ich verwandelt

Hinabsteige,

Herabkomme

Nach unten – in das Leben.

6

Gethsemane

Gethsemane,

du Nacht des Angstschweißes und des
Erschüttertseins;

du Nacht des Kummers und Erschöpftseins;

du Nacht der Schwäche und Unzuverlässigkeit;

du Nacht des Verlassenseins und der Einsamkeit;

du Nacht des Zweifelns und der Zerrissenheit;

du Nacht der tiefen Betrübnis und des inneren
Kampfes;

du Nacht der Enttäuschung und des Verrats;

du Nacht der Trostlosigkeit und Hilflosigkeit;

du Nacht des Ausgeliefertseins und der
Erbärmlichkeit.

Gethsemane,

du Nacht des innigen Betens und des Bittens;

du Nacht des Wachseins und Hörens;

du Nacht der liebenden Hingabe und Demut;

du Nacht des Vertrauens und des Zuspruchs;

du Nacht der Stärkung und Aufrichtung;

du Nacht der Hoffnung und Erwartung;

du Nacht der Gewissheit und Entschlossenheit;

du Nacht des Geliebtseins und der Liebe.

Gethsemane,

Wie wird mein Gethsemane sein?

7

Suchen und Finden
(Szene am Ölberg)

Wen suchet ihr?

Wen suchen wir?

Was suchen wir?

Suchen wir?

Sucht, dann werdet ihr finden.

Wollen wir suchen?

Suchen ist mühsam.

Suchen ist erfolglos.

Müssen wir suchen?

Suchen ist schwierig.

Bedarf ich der Suche?

Fehlt mir etwas?

Christus sucht uns.

Er besucht uns,

weil er uns ausgesucht hat.

Wir sind versucht.

„Konntet ihr nicht eine Stunde mit mir wachen?"

„Betet, damit ihr nicht in Versuchung fallet."

Sie suchen ihn, um ihn hinzurichten.

Er sucht uns, um uns zu retten.

Wen suchen sie?

Wen suchen wir?

Den, der die verschlossenen Türen öffnet?

Den, der den Tod besiegt hat?

Den, der der Weg ist?

Den, der den Frieden bringt?

Den, der die Freude ist?

Den, der frei macht?

Den, der ewige Zukunft ist?

Den, der uns unendlich liebt?

Suchen wir dich wirklich?

8

Er will uns berühren

(Auf dem Weg nach Golgotha)

Er sah sich um.

Er sah uns an.

Wir sahen weg.

Er legt seine Hand auf uns.

Wir schütteln sie ab.

Er hilft uns.

Wir weisen ihn ab.

Maria Magdalena wendet sich ihm zu:

„Mein Herr und mein Gott."

Er will uns berühren.

Er will sich berühren lassen.

Thomas legt seine Hand in seine Seite.

„Mein Herr und mein Gott."

Er wendet sich zu uns um:

„Weint nicht um mich!

Weint um euch und eure Kinder."

Werden wir uns zu ihm umwenden?

Werden wir uns wandeln?

Werden wir uns ihm zuwenden?

Werden wir unsere Trauer in Freude verwandeln lassen?

Werden wir ihn ansehen?

Werden wir ihn aufnehmen?

Werden wir uns von ihm berühren lassen?

Wird er unser Herr und Gott?

9

Gethsemane - Ostern

Gethsemane,

Nacht der Angst und des Angstschweißes.

Nacht des Verlassenseins und des Verrats.

Nacht des Verleugnens und des Verspottens

Nacht der Verzweiflung und des Ausgeliefertseins.

Und doch:

„Denk an mich!"

-„Noch heute wirst du mit mir im Paradiese sein"

Finsternis. Tod.

Starre. Grab.

Exitus. Ende. –

Ende?

Ostermorgen,

der Tag bricht an.

Tag des Aufgangs und des Aufbruchs.

Tag der Bewegung und der Unruhe.

Tag des Erkennens und des Bekenntnisses.

Tag des Beisammenseins und der Gemeinschaft.

Tag des Wandels und des Staunens.

Tag der Freude und des Lichts.

Tag der Rettung und der Erlösung.

Tag der unendlichen Liebe Gottes.

„Seht, ich mache alles neu."

10

Jesus, das Licht

Licht, das von Ostern her
Neu zu uns spricht,
das das Kreuz erstrahlen lässt
und ihm neuen Sinn verleiht,
das sich uns mitteilen,
uns erwärmen will,
das Freude in uns entfachen will.

Licht, das uns Richtung sein will,
das uns Klarheit verschaffen will,
das uns eine Spur vorzeichnet,
auf der wir uns bewegen können.

Licht, das Hoffnung vermitteln will,
das Perspektive deutlich werden lässt,
das es in uns hell werden lassen will,
das für uns brennt
und für uns da sein will.

Licht, das unser Glück ist,

wenn wir es zu unserem Licht machen,

wenn wir es in uns eindringen lassen,

wenn wir es weitergeben und verschenken,

wenn wir es teilen und verteilen,

wenn wir es Licht sein lassen.

So sagt Christus, unser Licht, zu uns:

„Ihr seid das Licht der Welt."

11

Dein Geist in uns
(Pfingsten)

Du änderst etwas in uns.

Du veränderst uns.

Du wirkst in uns.

Du bewirkst etwas in uns.

Du schaffst etwas in uns.

Du erschaffst uns neu.

Du brichst etwas in uns auf.

Du bist Bewegung und Unruhe.

Du löst Begeisterung aus.

Du bist der Glaube in uns

An die Liebe,

An dich, Jesus Christus.

Wenn wir offen für dich sind,

wenn wir dich lassen,

wenn wir dich zulassen,

dich in uns eindringen lassen,

uns packen lassen,

uns bewegen lassen,

wenn wir etwas in uns wirken lassen wollen,

wenn wir uns zum Werkzeug,

Mittler, Boschafter werden lassen.

Wenn wir bereit sind,

uns aus der Ruhe bringen zu lassen,

damit Liebe in uns ausgelöst wird,

Begeisterung – Geist in uns,

Leben – Lebendigkeit in uns

Freude und Fröhlichkeit in uns.

Geist Gottes –

Du bist die Liebe.

12
Mitleid
(10. So i J C – Lk 7, 11 ff.))

Du hast Mitleid

Mit einer Witwe –

Mit uns allen.

Dein Mitleid rührt und berührt mich.

Du machst mich betroffen

Und lässt mich hoffen.

Du bist bei uns, in uns, unter uns.

Du fühlst mit uns.

Dich bewegt unser Schicksal.

Du bist so menschlich

In deiner Göttlichkeit.

Du erbarmst dich immer aufs Neue.

Selbst in deiner großen Not am Kreuz

Erbarmst du dich des Verbrechers.

Blinde, Aussätzige, Notleidende,

Ehebrecher, Sünder, Zöllner –

Sie sind deine Schwestern und Brüder.

- Wir auch.

In deinem menschlichen Mitleid
Handelst du übermenschlich, göttlich.

Du bist und bleibst einer von uns.
Du gehst mit uns in den Tod
Und in die Auferstehung.
Dein Mitleid ist Teil deiner Liebe.
Du berührst uns und fasst uns an.
Deine Nähe ist Heil und Rettung.
Du durchbrichst menschliche Maßstäbe,
menschliche Vorstellungen und Erwartungen.

Wir sind nicht würdig.
Erbarme dich über uns Sünder.
Wohin sollen wir gehen?
An wen sollen wir uns wenden?
Wir bitten um dein Mitfühlen
Um deine Liebe.
Wende dich uns zu!

- „Seht, ich mache alles neu."

13

Für die Menschen unten
(11. So i J C – Lk 7, 36 ff.)

Du nimmst Einladungen an,

bist offen für Begegnungen mit Menschen,

Pharisäern, Huren - mit allen.

Konventionen kümmern dich nicht.

Öffentliche Meinung, gesellschaftliche Stellung

Sind dir nicht wichtig.

Du schaust auf das Herz,

die innere Haltung,

auf Reue, Umkehr,

Barmherzigkeit und liebende Zuwendung -

Und Glauben.

Du lässt dich berühren

Durch eine Edelhure.

In aller Öffentlichkeit.

Du lässt dich rühren

Durch ihre Tränen.

Du erweckst Unverständnis,

Kopfschütteln und Ärgernis:

„Wie kann er nur…"
Du willst heilen.
Du bist empfänglich
Für die Liebe und Umkehr,
für Demut und Bekenntnis.

Erniedrigung und Überheblichkeit
Lehnst du ab.
Du hast ein Herz für Menschen,
die unten sind,
wenn sie sich zu dir bekennen.
Für dich ist es nie zu spät.

Du stellst manches auf den Kopf,
setzt dich über Vorurteile,
Urteile und Verurteilungen hinweg,
weil es deiner Botschaft entspricht,
der Botschaft von Liebe,
Barmherzigkeit, Verzeihen
Und Zuwendung.
Unser „Credo" an dich,
den Menschen und Gott.

14

Wollt auch ihr gehen?
(21. So i J B – Joh 6,60 ff.)

Du bist vom Himmel zu uns herabgekommen.

Du wolltest einer von uns sein,

auch wenn es noch so erniedrigend war.

Du hast dich eingereiht in die Wartenden am Jordan

In die Reihe der Sünderinnen und Sünder.

Du bist hinabgestiegen in die tiefste Furche der Erde,

Den Jordangraben.

Du wolltest einer von uns sein.

Du hast sogar die Tausenden gespeist mit Brot und Fisch

Du hast ihnen die Botschaft von Vergebung,

Liebe und Auferstehung vermittelt.

Du bist immer wieder auf uns zugekommen.

Du bist auf die Menschen zugegangen,

bist umhergewandert

in die verschiedenen Regionen Palästinas,

um den Menschen nahe zu sein – uns.

Du willst dich uns als Fleisch und Blut schenken.

Du willst unsere Erlösung sein, unser Heil,
unsere Rettung – welch eine Liebestat.
Du stirbst den erbärmlichsten Tod
Du lässt dich anspucken und verleumden
Du lässt dich quälen und vorführen.
Du verlierst deine Würde als Mensch
Und bist doch Gottessohn.
Du allein bist unsere Zukunft,
weil du uns rettest und Leben schenkst.

Da verließen ihn viele seiner Freunde,
Männer und Frauen, die ihm gefolgt waren.
Sie wenden sich ab.
Obwohl du dich uns zuwendest,
wenden wir uns ab,
wo du uns doch retten willst.

Dein Kommen, deine Liebe,
dein Tod und deine Auferstehung
werden zum Ärgernis, zur Irritation.
„Wollt auch ihr gehen?"

Da verließen ihn viele.

Dein Weg nach Golgotha beginnt.

Du lässt uns die Freiheit,

Freiheit zu gehen.

Du lässt uns ziehen, wenn wir dich nicht wollen,

bist aber immer bereit, unseren Ruf zu hören,

auf uns zuzukommen, uns zu vergeben.

Wie würden wir uns verhalten?

„Wohin sollen wir gehen?

Du allein hast Worte ewigen Lebens."

Lass uns nicht bequem in der Welt einnisten.

Lass uns nicht gleichgültig werden

Gegenüber deinem Anruf.

Lass uns nicht überheblich werden

Gegenüber deiner Lehre.

Lass uns schlicht und demütig

Deiner liebenden Botschaft vertrauen,

an dich glauben, damit wir dich erkennen.

Du Bruder der Liebe.

15

Nachfolge
(13. So i J C – Lk 9,51 ff.)

Du gehst den Weg, deinen Weg
Mit aller Entschiedenheit und Kraft
Nach Jerusalem, nach Golgotha.
Auf deinem Weg bleiben Türen verschlossen,
öffnen sich nicht, gewähren dir keine Bleibe.

Du empfängst sie freundlich,
du bist ihnen nahe.
Du speist sie mit Fisch und Brot.
Alle werden satt,
die dir gefolgt waren,
die zu dir gekommen waren.

Du kommst auf uns zu
Und wendest dich zu uns um.
Du wartest.
Du erwartest unsere Nachfolge.
Wir haben unsere menschlichen Erwägungen,
unsere Bedenken und Einwände,
unsere Rechtfertigungen und Relativierungen,
unsere Befindlichkeiten und Vorbehalte.

Wir sind Gefangene unserer Menschlichkeit,
unserer Gleichgültigkeit und Bequemlichkeit,
unserer Schwächen und unseres „Aber".
Wir schauen nach rechts und nach links
Und zurück, bevor wir handeln.

Du erwartest Nachfolge nicht nur in Worten und
Gedanken,
Sondern in unserem und durch unser Leben.
Wir aber sind eingekerkert in uns
Und unserer Welt.

Du gewährst uns Freiheit
Auch in der Frage der Nachfolge.
Wohin sollen wir gehen?

Hilf uns,
unsere Gefangenschaft zu überwinden,
über uns hinauszuwachsen,
auf dich zuzugehen,
„Wenn und Aber" beiseite zu schieben,
uns deiner Botschaft zu überlassen,
auszubrechen aus unseren menschlichen Zwängen
und frei zu werden für dich,
für deine Botschaft zu kämpfen, für dich.

Schaffen wir es, dir zu folgen?

Hab Erbarmen mit uns!

Herr, rette uns!

16

Tod (Beim Tod eines Bekannten)

Mancher ist froh,

dass es dich gibt.

Du setzt den Schmerzen ein Ende,

der Leere, der Einsamkeit,

dem Leid, der Hoffnungslosigkeit.

Der Tod macht mich stumm.

Der Tod macht mich sprachlos.

Der Tod macht mich fallen

Ins Uferlose, in die Leere.

Er zeigt mir meine Ohnmacht.

Den Tod verstehe ich nicht.

Er macht Schluss –

Womit?

Mit dem Leben?

Mit unseren Beziehungen?

Mit unserer Liebe?

Der Tod bringt Ruhe.

Der Tod erfordert Besinnung

Und macht nachdenklich.

Er ist nicht das Ende des Lebens.

Er ist nicht das Ende der Beziehung.

Er ist nicht das Ende der Liebe.

Das alles bleibt –

Aber anders.

Wie soll ich das verstehen?

Seit Jesu Tod und Auferstehung

Ist alles anders.

Christus verwandelt alles.

17

Gott der Sünder
(Mt 9, 9-13)

Was bist du für ein Mensch!
Was bist du für ein Gott!

Du speist mit Sündern.
Du erbarmst dich der Verbrecher.
Du heilst Kranke.
Du machst Blinde sehend.
Du erweckst Tote.
Du lässt dich von einer Hure pflegen.

Was bist du für ein Mensch!
Was bist du für ein Gott!

Du willst Barmherzigkeit.
Du rufst die Sünder.

Wieviel Hoffnung bringst du uns!
Wieviel Glückseligkeit!
Wieviel Liebe!

Und wir?

Wir schauen auf das,
was andere uns tun.
Wir sind kleinlich, erbarmungslos.
Wir gefallen uns in Selbstgerechtigkeit.
Wir sind uns selbst am nächsten.
Wir rechnen auf.

Du bist uns unbequem,
weil du Forderungen, Erwartungen stellst,
weil du uns aufrütteln willst,
weil du uns auf den Nächsten hinweist,
unsere Schwestern und Brüder,
die unsere Aufmerksamkeit
und Zuwendung verdienen,
die du uns ständig schenkst.
Was sind wir für Menschen!

Erbarme dich unser
Und hilf uns,
barmherzig, milde und offen zu sein
für die Menschen um uns,
Sünder und Schwache wie wir.
Öffne unsere Herzen durch deine Liebe,
du Gott der Liebe und Barmherzigkeit.

18

Wohin gehen wir?
(Lk 10)

Wohin gehen wir?

Das frage ich mich oft.

Im Gehen liegt Bewegung nach vorne,

Aktion, Änderung

Und auch Veränderung.

Sie bedarf meiner Energie,

meines Einsatzes, meiner Kraft.

Christus war viel in Bewegung.

Er ging auf Menschen zu,

er wandte sich ihnen zu,

er hörte sie an

und erhörte sie.

Er verwandelte sie.

Der Blinde wurde sehend,

der Taube hörend,

der Tote lebendig.

Gott verwandelte sie alle

Aus Liebe und Barmherzigkeit.

Er will auch mich verwandeln,

indem ich Christus folge

zu allen Menschen,

den Alten und den Jungen,

den Blinden und Tauben,

den Kranken und Gesunden.

Er will, dass ich mich bewege,

in seine Fußspuren trete,

mich den Menschen zuwende

aus Liebe und Barmherzigkeit.

Wohin gehen wir?

Das frage ich mich oft.

Wir- das ist Gemeinschaft.

Ich gehe nicht allein,

sondern mit den Anderen,

den Gesunden und Kranken,

den Tauben und Blinden,

den Alten und Jungen

und den Toten – zum Leben.

Christus geht mit.

Er will, dass auch ich lebendig bleibe,

dass ich das Leben nicht verliere.

Er hat die Wohnung schon bereitet

Für mich, für uns,

die Blinden und Tauben,

die Kranken und Gesunden…

Er erwartet uns

Nach einem Leben in Bewegung,

in seinen Fußspuren,

im Bekenntnis zu ihm

durch Liebe und Barmherzigkeit.

Wohin gehen wir?

Das frage ich mich oft.

Zu Gott, der auf uns wartet,

uns in seine Arme nimmt

in seine Wohnung aufnimmt

aus Liebe und Barmherzigkeit.

Dich preise ich in Ewigkeit.

19

Lehre uns beten
(17. So i J C – Lk 11)

Die Jünger wenden sich ihm zu.

Wir wenden uns dir zu.

Wir brauchen deine Zuwendung.

Sie bitten dich.

Wir wenden uns an dich voll Vertrauen.

Wir brauchen deine Güte,

deine Barmherzigkeit.

Sie vertrauen sich dir an.

Wir vertrauen dir,

denn wir sind deine Kinder,

deine Brüder und Schwestern.

Sie sind mit dir allein -

In Gemeinschaft.

In Gemeinschaft

Kommen wir zu dir in der Stille;

Wir, die wir dir zu folgen versuchen.

Sie sprechen dich an.

Du bist bei und mit ihnen.

Wir sprechen zu dir,

mit dir.

Du hörst uns.

Du bist offen für unseren Anruf.

Wir öffnen uns

In intimer Gemeinschaft mit dir.

Wir werden still und ruhig,

weil du da, an-wesend bist.

Mit der Fülle deiner Liebe

Und Zuwendung.

Du bist bei uns, mit uns.

Du kennst uns.

Du weißt, was wir brauchen,

was uns gut tut.

Worte sind nicht nötig.

Du verstehst uns,

auch wenn wir nichts sagen.

Du erkennst unsere Gedanken.

Ausdruck deiner intimen Beziehung zu uns.

Und doch bestürmen wir dich

Mit unseren Bitten, Zweifeln,

unseren Tränen, unserem Verlangen,

unseren Erwartungen und Anwürfen

in unserer Not.

Du hörst uns zu

Und schenkst uns,

was wir brauchen,

in deiner Liebe.

Deine Zusage gilt.

Schenke uns Demut

Und Vertrauen in dich!

Dich loben wir.

Dir danken wir.

Herr, lehre uns beten!

20

Der Konsum – und das Wort Gottes
(18. So i J C – Lk 12)

Der Konsum ist wichtig
Für die Wirtschaft
- Auch der private.

Ich arbeite,
um Geld zu verdienen,
um mir etwas erlauben zu können,
um mir Wünsche erfüllen zu können.

„Maria hat den besseren Teil erwählt."

Mein Leben ist mir wichtig.
Ich tue alles,
um gesund zu bleiben,
um lange leben zu können,
um gut auszusehen,
um Eindruck zu machen.

„Du Narr, noch heute
Wird man dein Leben zurückfordern."

Carpe diem! Genieße den Tag!

Ich liebe es,

gut zu essen und zu trinken,

Schönes zu erleben,

mir etwas zu gönnen,

Urlaub zu machen,

Spaß zu haben.

„Liebe deinen Nächsten

Wie dich selbst!"

Wie kann ich das Geld anlegen?

Was kann ich damit machen?

Wie kann ich mein Geld vermehren?

„Sammelt euch Schätze im Himmel!"

Was habe ich davon?

Was bringt mir das?

Das Leben ist so kurz,

ich will was vom Leben haben.

Man gönnt sich ja sonst nichts.

Ich bin mir wichtig.
Ich-AG.....

Und Du?

Du, Gott?

Du, Mitmensch

Als Lebensmotiv?

Als Lebenskultur

Zum Heil der Menschen?

Wie ist es mit dem Konsum

Des Wortes Gottes

Als Widerspruch

Zu unseren Ausreden, Rechtfertigungen,

zu unseren Selbstbespiegelungen,

zu unserer Egomanie?

Wie ist es mit der wahren Freude,

dem wahren Glück

- Der Sehnsucht des Menschen?

21

Die enge Tür – Tor der Barmherzigkeit
(21. So i J C – Lk 13, 22 ff.)

Eine Tür,

die Tür,

die entscheidende Tür

ist seit Karfreitag und Ostern

offen.

Wie viele kommen

Durch die Tür?

Wer kommt durch die Tür?

Komme ich durch die Tür?

Die Tür ist offen.

Sie bleibt offen

Für alle.

Die geöffnete Tür

Lädt ein;

Sie schließt nicht aus,

sie weist nicht ab.

Sie ist ein Übergang,

ein Durchgang,

ein Zugang,

keine Barriere.

Der Durchlass ist eng,

vielleicht auch niedrig

wie bei der Grabeskirche.

Man muss sich bücken,

klein machen,

anstrengen,

um durchzukommen.

Durch die enge Tür

Können nicht gleichzeitig

Viele hindurchgehen.

Wer darf hindurchgehen?

Wie viele dürfen hindurchgehen?

Darf ich hindurchgehen?

Wir wollen Sicherheit,

die es im Leben nicht gibt.

Aber wir sind sicher

In deiner Hand.

Wer darf hindurchgehen?

Sind es viele?

Antworten? –

„Bemüht euch!"

Die Tür bleibt offen

Für jeden, für alle.

Einen sicheren Zugang gibt es nicht,

doch die sichere Zusage

der Barmherzigkeit,

des Verzeihens

und der Güte

für den,

der sich bekennt, bemüht

und der glaubt.

„Ich bin der Weg."

„Ich bin bei euch alle Tage."

„Gott ist mein Helfer.

Auf ihn allein will ich vertrauen."

22

Umkehr ist Heimkehr
(Der barmherzige Vater) (24. So i J C)

Du suchst uns.

Jeden von uns.

Du findest jeden

Auch in der dunkelsten Ecke.

Wir sind dir nicht egal.

Aber du lässt uns Freiheit,

unsere Wege zu gehen

ohne dich.

Manche wenden sich von dir ab.

Manchen bist du egal.

Manchen bist du lästig.

Manche verneinen dich.

Wir sind voller Vorurteile.

Wir beurteilen, verurteilen.

Wir wenden uns von ihnen ab.

Und doch gehören sie zu uns.

Alle

Die Sünder, Verbrecher, Gewalttäter.

Auf alle wartest du.

Sie sind dir nicht gleichgültig.

Du wartest auf unsere Umkehr:

Weg von unserem Weg zu deinem.

Dein Weg ist deine Botschaft.

Dein Weg heißt Vergebung,

Barmherzigkeit und Liebe

Für alle.

Auch für die, die wir ausgrenzen,

von denen wir uns abwenden,

die wir verloren glauben.

Gerade die suchst du.

Du erwartest, dass wir mit dir suchen,

unseren Weg verlassen

und deinen Weg gehen,

den Weg der Umkehr,

Umkehr zu dir

Und unseren Mitmenschen.

Zu allen.

Hinwenden und Verstehen wollen,

Verzeihen und Lieben wollen.

So wird Umkehr zur Heimkehr,

Heimkehr zu dir,

unserem Vater,

der sucht und der wartet,

der uns alle liebt und

uns seine Arme entgegenstreckt.

Wenn wir umkehren,

wird Freude sein,

ein Fest für alle.

23

Glaube

(27. So i J C – Lk 17)

Kämpfen und Ringen,

Suchen und Verzweifeln,

Gleichgültigkeit und Oberflächlichkeit,

Ablehnung und Abkehr,

Distanz und Unsicherheit,

Arbeiten und Sklavendienst.

Variationen zum Glauben

Gabe und Empfang,

Teilhabe und An-Teilnahme,

Mut und Hoffnung,

Bescheidenheit und Demut,

Vertrauen und Offenheit,

Hingabe und Liebe.

Variationen zum Glauben

Beschenktsein und Ohnmacht empfinden.

Bäume versetzen und nicht aufhalten lassen.

Gott wirken lassen und auf ihn sich ausrichten.

Mitarbeiten wollen und Gottes Arbeiter bleiben.

Von Christus anschauen lassen und ihn anblicken.

Sein Kreuz anschauen und sich von seinem Kreuz anblicken lassen.

An seinem Tod und seiner Auferstehung teilnehmen.

An Gott teilhaben und von uns absehen.

Herr, stärke unseren Glauben!

Hier sind wir, unnütze Knechte,

mit unserem Unvermögen und unseren Schwächen.

24

Mut zum Glauben

(29. So i J C – Lk 18)

Du machst uns Mut zum Glauben,

uns Zeit zu nehmen für deine Worte,

Dir zuzuhören und offen zu werden,

uns mit dir auseinanderzusetzen,

nachzufragen und nachzudenken.

Du machst uns Mut zum Zweifeln,

aber auch dir zu vertrauen,

nicht alles zu verstehen und zu ermessen

und doch dir zu folgen,

Deine Heilsbotschaft zu vernehmen,

Kreuzestod und Auferstehung wahrzunehmen

Das Ringen um das Verständnis deiner Botschaft

Immer wieder aufnehmen in Demut,

sich nicht mit schnellen Antworten begnügen,

Kraft aufbringen und offen bleiben,

damit du in uns dringen kannst,

von uns Besitz ergreifen kannst,

den Glauben in uns senken kannst,

wenn wir auf deine Liebe,

deine Barmherzigkeit und

dein Verzeihen vertrauen,

uns auf den Weg machen zu dir,

mit dir gehen wollen

durch das Kreuz

zur Auferstehung.

Herr, stärke unseren Glauben

Und sei er auch noch so klein!

25

Nicht locker lassen

Es gibt manche Situationen,

in denen wir nicht locker lassen

und nachsetzen.

Wenn wir uns vermeintlich Zustehendes

Nicht erhalten sollen.

Vor allem, wenn es ums Geld geht,

können wir gut nachhaken.

Wenn es ums Prinzip geht,

können wir gut insistieren.

Wenn es um unser Recht geht,

lassen wir nicht locker.

Wenn es um unseren Vorteil geht,

sind wir nicht nachgiebig.

Das Ergebnis soll uns zufrieden stellen.

„Lasst nicht nach!",

trägt uns Christus auf.

Womit nicht locker lassen?

Mit welchem Ergebnis können wir rechnen?

Nachhaken, nicht locker lassen,

kostet Kraft, ist lästig.

Christus teilhaben lassen an meinem Leben,

ist nicht lästig.

Ihn teilhaben lassen an dem, was mich bewegt,

ist nicht kraftraubend.

Ihn mitnehmen in mein Leben,

Ihn teilnehmen lassen an meinem Leben,

Ihm das Schicksal der anderen Menschen
nahebringen,

bringt mir kein Geld ein.

Ihn bitten und darin nicht locker lassen,

heißt sich ihm anvertrauen,

Ihm Verantwortung übertragen

Über mein und der anderen Leben,

meine Gefühle mit ihm teilen,

dazu fordert er mich auf.

Nicht locker lassen,

ihn in mein Leben einzulassen,

ihn teilhaben zu lassen,

bringt großen Gewinn.

Mein Einsatz ist gefragt,

mein Engagement im Beten und Handeln.

Seine Teilhabe fordert er ein,

er will mein Bruder sein,

er will bei mir sein, mit mir gehen.

Sein Verständnis und seine Barmherzigkeit

sind mir zugesagt.

Welch ein Gewinn, welch ein Vorteil!

Das Ergebnis stimmt bei Christus immer!

26

Selig sein
(6. So i J C – Lk 6, 20 ff.)

Wir dürfen selig sein,

obwohl wir schwache Menschen sind.

Wir dürfen selig sein,

obwohl wir immer wieder versagen.

Wir dürfen selig sein,

obwohl wir immer wieder zweifeln.

Wir dürfen selig sein,

obwohl wir uns oft von ihm abwenden.

Wir dürfen selig sein,

obwohl wir seine Botschaft oft nicht leben.

Wir dürfen selig sein,

weil Gott Ja zu uns sagt.

Wir dürfen selig sein,

weil er uns ernst nimmt.

Wir dürfen selig sein,

weil er bei uns ist.

Wir dürfen selig sein,

weil er es immer wieder mit uns versucht.

Wir dürfen selig sein,

weil er sich unser erbarmt.

Wir dürfen selig sein,

weil er unter uns gelebt hat.

Wir dürfen selig sein,

weil er mit uns fühlt.

Wir dürfen selig sein,

weil er uns die frohe Botschaft verkündet und sie gelebt hat.

Wir dürfen selig sein,

weil er für uns gestorben und auferstanden ist.

Wir dürfen selig sein,

weil er uns vom ewigen Tod erretten will.

Wir dürfen selig sein,

weil er uns treu ist.

Wir dürfen selig sein,

weil niemand vergessen und fallen gelassen wird.

Wir dürfen selig sein,

weil er uns den Glauben schenkt.

Wir dürfen selig sein,

weil er am Ende unseres Lebens auf uns wartet.

Wir dürfen selig sein,

weil er uns liebt.

Unsere Seligkeit ist Teil seiner Botschaft,

wenn wir ihm vertrauen,

wenn wir auf ihn hoffen,

und immer wieder neu versuchen,

ihm in unserem Handeln und Denken zu folgen.

Du willst unsere Seligkeit

Trotz all unserer Zerbrechlichkeit und
Unvollkommenheit.

Unser ganzes Glück bist du allein,

mein Herr und mein Gott!

27

Unterwegs zu uns
(31. So i J C – Lk 19)

Du bist viel unterwegs
Unter den Menschen.
Du gehst zu den Menschen.
Du bist kommunikativ
Und sehr sozial.
Du suchst ihre Gesellschaft.
Du besuchst sie.
Du kehrst bei Zachäus ein.
Du willst mit ihm sprechen,
Ihm Orientierung geben
Und ihm helfen.
Du bist zukunftsorientiert.
Du interessierst dich für die Menschen,
für ihr Leben unter- und miteinander.
Du willst sie verändern,
umwandeln – alle,
auch die, die wir mißtrauisch beäugen,
die wir verurteilen,
auf die wir herabschauen.

Durch dich kommt Freude auf uns zu.

Die Suche nach Freude

Braucht Initiative.

Du bringst Menschen in Bewegung.

Sie eilen der Freude entgegen.

Sie folgen dir,

sie wollen dich sehen,

dich anschauen,

dich berühren,

dich ansprechen.

Sie ergreifen die Initiative.

Manchmal mit viel Aufwand

Und Anstrengung.

Zachäus klettert auf einen Baum,

er überwindet menschliche Hindernisse.

Mancher bahnt sich mühsam einen Weg.

Mancher wird behindert bei seinem Handeln.

Durch Menschen, durch uns.

Mancher wird durch Verachtung behindert,

durch Geringschätzung.

Du aber suchst jeden,

besuchst jeden.

Du hast jeden im Blick.

Du siehst in jedem vor allem einen Menschen,

nicht den Sünder.

Jeder hat für dich Würde.

Er ist für dich Mitmensch,

Schwester, Bruder.

Du siehst die Sehnsucht

Nach Annahme, Verständnis,

Barmherzigkeit und Güte.

Du bist all das

Ohne Vorbehalt.

So bringst du Freude ins Haus.

So verwandelst du Menschen.

So wird Heil.

28

Gott von Lebenden
(32. So i J C – Lk 20, 27 ff.)

Fragen statt Handeln,

Situationen konstruieren,

Vorwände haben,

Fangfragen formulieren,

Um der Wahrheit zu entkommen,

in diese Welt einrichten,

keine Veränderung wollen,

- „Ruhe an der Front"-

Augen verschließen,

sich abschotten,

gefangen bleiben

in der Dunkelheit,

in der Sackgasse,

im Kopfbahnhof.

Wo ist die Perspektive?

Der Weg ist nicht zu Ende.

Er geht weiter – durch und mit Christus.

Das Leben bleibt – auch nach dem Tod.

Die Perspektive ist Licht und Leben.

Christus will uns Licht geben,

erleuchten, hell machen,

das Gefängnis der Diesseitigkeit überwinden,

aus Endlichkeit befreien.

Wir werden Kinder des Lichtes

Durch Gottes Garantie.

Durch unseren Glauben

Entsteht Hoffnung,

weil Gott sich uns in Liebe zuwendet.

Seine Zusage gilt.

Wir dürfen an seinem Leben teilhaben.

Wir sind in seiner Hand.

Wir dürfen ihm vertrauen.

Barmherzigkeit und Güte

Sind seine Markenzeichen.

Warum sich in dieser Welt einrichten,

sich zum Sklaven des Diesseits machen,

wo Glücksseligkeit am Horizont aufscheint?

Warum daran zweifeln?

„Wer an mich glaubt,

hat ewiges Leben."

Tod des Lebens Anfang,

strahlender Beginn,

erfülltes Sein,

Freude und Liebe – unbegrenzt

„Euer Herz wird sich freuen

Und eure Freude wird niemand von euch nehmen."

29

Ein hingerichteter König im Spott

- Christkönig -

König – welcher? – Wo?

- Worüber? – Wofür?

Brauchen wir einen König

Von hoher Abstammung

Mit Macht über andere?

Bei Macht denke ich an Machtmissbrauch.

An Pilatus, die Soldaten unter dem Kreuz.

Sie tun nur ihre Pflicht.

Wie oft haben wir das schon gehört!

Sie spotten, sie verhöhnen

Zur eigenen Rechtfertigung.

„Rette dich selbst!

Du hast doch die Macht!

Steig doch vom Kreuz!"

Der Verbrecher zu deiner Rechten

bittet dich nicht darum.

„Rette mich,

wenn du in dein Reich kommst."

Dieser Schächer hat verstanden,
dass dein Reich und deine Macht anders sind
als wir sie bei einem König erwarten.
Er bittet dich nicht darum,
dass du ihn vom Kreuz holst.

Den Soldaten antwortet Jesus nicht,
wohl aber dem Verbrecher:
„Noch heute wirst du mit mir im Paradies sein."

Deine Macht geht nicht mit Gewaltanwendung
einher.
Sie bedarf nicht der Insignien der Macht,
wie Pomp, Glanz, Krone und Gewalt.
Deine Macht ist die Barmherzigkeit.
Du bist der König der Liebe, der Hingabe.
Du gewährst Entscheidungsfreiheit.
Dieser Verbrecher vertraut dir,
er setzt auf dich,
er glaubt auch am Kreuz.

Er ahnt, dass deine Macht

Nicht das Kreuz nimmt,

aber darüber hinaus ewige Seligkeit verheißt.

Obwohl du am Kreuz hängst,

nicht wie ein König, sondern entstellt bist,

bleibt er bei dir am Kreuz.

Du bist ein Kreuz-König,

der rettet und erlöst.

Dir nachfolgen, heißt:

Mit dir den Kreuzweg gehen,

bei dir ausharren,

auch in Kreuzesnot.

Bei dem gekreuzigten König bleiben

Trotz Spott und Erniedrigung.

Das ist der Weg zur Auferstehung,

Unsere Verwandlung und unser Heil,

unsere Glückseligkeit,

die im Königtum Christi aufstrahlt.

Gekreuzigter König,

denk an uns,

wenn du in dein Reich kommst!

30

Leben – und dann?
(33. So i J C – Lk 21)

Wir leben, leben,

leben weiter, immer weiter.

Wir tun so,

als ob es immer weiter geht.

Wir machen uns etwas vor.

Wir täuschen uns selbst oder

Verdrängen die Wahrheit.

Wir nisten uns ein

In unsere Verdrängung,

in unsere Vernebelung der Wirklichkeit.

Das Leben ist schön,

so schön, dass wir

es als endlos sehen wollen.

Es ist ein Geschenk,

ein Geschenk auf Zeit.

Wir brauchen Besinnung,

ein Stopp in unserem Rennen,

Wegrennen, Weiterrennen.

Wir brauchen Erschütterung

Unserer Illusionen.

Aus dem einlullenden Schlaf

Des Alltagslebens aufwachen.

Wach werden, wach-sam sein.

Was erwarten wir?

Was kommt danach?

Wohin führt unser Weg?

Worauf bereiten wir uns vor?

Was ist unser Ziel?

Was trägt mein Leben?

Was schärft unseren Blick

Für die Wahrheit?

Wir vergehen, alles vergeht.

Einer bleibt: Christus.

Er hat unser Leben im Blick.

Ihn sollten wir nicht aus dem Blick verlieren,

sondern an ihm festhalten,

dann hält er uns.

Er kommt auf uns zu.

Jeden Tag, den wir leben,

wenn wir dem Glück nachrennen.

Das Leben ist ein Leben der Vorbereitung auf ihn,

der war, der ist und sein wird.

Alles wechselt, ändert sich:

Die Jahreszeiten, die Farben,

die Helligkeit und die Dunkelheit.

„Meine Worte werden nicht vergehen."

Er ist es, der heil macht,

der Heiland der Beständigkeit.

Er führt zum Leben, das fortwährt

Und unser Heil und Glück ist.

31

Der Mann im Hintergrund: Josef

Ein Mann eher unauffällig,

macht nicht von sich reden,

redet nicht, schweigt.

Kein Mann,

wie wir ihn uns heute vorstellen.

Er handelt still.

Er geht seinen Weg

Voll Vertrauen – auf Gott.

Er hört seine Botschaft

Und folgt der Weisung

Gegen jede Sicherheit,

gegen jede Konvention,

gegen den Zeitgeist.

Er handelt aus Liebe,

Fürsorge und Verantwortung

Zum Schutz seiner Partnerin.

Gegen alle Vernunft,

gegen jede Einsicht.

Er folgt einer Eingebung
Aus Demut und Hingabe
Aus Vertrauen und Liebe.
Er zeigt Haltung.
Sein Handeln ist wert-voll,
entspringt seinem Glauben.
Er will Diener sein,
Diener der Botschaft Gottes.

Darin nimmt er sich wichtig
Im Hintergrund,
ohne Aufhebens,
aber konsequent.
Er will Wegbereiter und Werkzeug sein,
Werkzeug Im Wirken Gottes an den Menschen.
Er lässt sich in seinen Dienst nehmen.
Darin zeigt er gerade Haltung.
Josef – der Werkzeuger Gottes.
Der Mann im Hintergrund,
der hört und handelt.
Aufrechter und demütiger Diener –
Vorbild auch für uns.

32

Der König kommt
(Weihnachten)

Ein Königssohn wird geboren.

Kameras sind aufgestellt.

Die Presse ist versammelt.

Wie sieht er aus?

Wem gleicht er?

Ist er gesund?

Er wird einmal König werden.

Alle Augen richten sich auf ihn.

Die Nation, die Welt, hat auf ihn gewartet.

Er wird in einem Palast wohnen.

Er wird im Mittelpunkt stehen.

Die Nation nimmt Anteil,

freut sich über seine Geburt.

Kanonen schießen Salut.

Photos werden gemacht und verbreitet.

Die glücklichen Eltern

Mit einem vermarkteten Baby.

Gottes Sohn wird geboren.

Keine Kamera, keine Presse.

Türen bleiben verschlossen.

Die Menschen weisen die Eltern ab.

Man wartete zwar auf ihn,

doch kann man kein Interesse erkennen

an seiner Geburt, an seinem Kommen

Außer bei Herodes

Und den Weisen.

Er kommt in die Stille

Ohne Aufhebens.

Er wird geboren

Fast irgendwo.

In einem Stall?

Wer hätte gedacht,

dass Gott so herunterkommt!

Arm, unauffällig.

Hirten werden aufmerksam.

Eigentlich will er in uns geboren werden.

Er möchte, dass wir ihm Platz geben,

dass wir offen für ihn sind,

dass wir ihn erwarten

ohne Kameras – aber mit Freude.

Er will keine Photos,

keinen Abdruck auf Papier,

sondern Abdruck in unserem Herzen.

Er will glückliche Menschen des Glaubens,

die ihn suchen und aufnehmen,

von ihm sprechen.

Reichtum und Äußerlichkeiten sind ihm egal,

ebenso Kameras und Drumherum.

Er will Mittelpunkt unseres Lebens sein.

Er ist König des Wesentlichen,

der Seelen, der Liebe.

Keine Herolde, keine Kanonenschüsse.

Engel verkünden die Freude

Auf dem Felde.

Und wir?

Sind wir Menschen guten Willens?

Werden wir zu Boten der Freude,

der Rettung, der Liebe,

des Wesentlichen?

Machen wir uns auf –

Zu ihm!

33

Geliebter Sohn
(Taufe im Jordan – Mt 3, 17/Mk 1, 11)

Einer unter uns allen –
Er war einer unter uns allen,
er ist einer unter uns allen.
Er war einer von uns allen,
er ist einer von uns allen.
Er war geliebt.
Er bleibt geliebt
Von seinem Vater.
Von uns allen?

Geliebt sein,
angenommen sein,
bei einem sein,
bei jedem sein.
Jeder ist geliebt,
jeder ist angenommen,
jeder wird verstanden,
jeder wird angehört,
jeder wird aufgenommen,
jedem ist die Hand ausgestreckt,

jedem kann verziehen werden,

jeder ist willkommen

zu glauben an den,

der geliebt wird vom Vater,

der mit ihm ist

Und er mit uns.

Wir sind seine geliebten Kinder

Von Anfang an

Trotz allem.

Wir gehören zu ihm,

wir gehören ihm.

Wir tragen ihn in uns.

So wirkt er in uns allen

Als seinen geliebten Kindern

Trotz allem.

Das ist sein Ja zu uns

Trotz allem.

Fasst also Mut!

Lob und Dank sei Gott,

unserem geliebten Vater!

34

Berufung zum neuen Leben
(3. So i J A – Mt 4,12 ff.)

Da ruft mich einer beim Namen.

Ich soll mit ihm kommen.

Ich kenn ihn nicht.

Soll ich alles stehen und liegen lassen?

Was erwartet er von mir?

Alles, was ich aufgebaut habe,

aufgeben, verlassen?

Neu anfangen?

Wohin soll ich ihm folgen?

Was ist sein Ziel?

Warum soll ich ihm folgen?

Alles, was mir im Leben wichtig war,

soll ich nun verlassen?

Umorientieren? – in welche Richtung?

Petrus, Andreas und die anderen

Haben nicht gezögert noch gefragt.

Sie hatten Vertrauen,

fühlten sich angesprochen,

in die Pflicht genommen.

Sie ließen sich gefangen nehmen

Von seinem Anruf,

von dieser Perspektive

zum neuen, wahren Leben.

Sie brachen ihr altes Leben ab

- Bedingungslos.

Sie wagten den Neubeginn,

den radikalen Wandel

vom Tod zum Leben.

Sie begannen ein unruhiges Leben,

gaben die Ortsansässigkeit auf

und die Sicherheit.

Sie stellten sich der Perspektive von Ostern.

In ihr Leben kommt Bewegung,

Unruhe, Ungewissheit.

Christus lässt sie nicht mehr los.

Auch uns lässt er keine Ruhe.

Er will uns in Bewegung setzen,

dass wir uns ihm stellen,

mit ihm auseinandersetzen,

aktiv werden,

unsere Bequemlichkeit aufgeben,

unser Leben in seinen Dienst stellen,

ihm vertrauen und ihm folgen

in Tod und Auferstehung.

Sind wir dazu bereit?

Er will keine halben Sachen,

kein Zögern und Bedenken.

Er will unseren ganzen Einsatz

Für seine Botschaft

Und die Liebe.

So wie er uns liebt

- Ohne Wenn und Aber.

35

Zwei alte Menschen weisen uns den Weg
(2. Februar, Maria Lichtmeß)

- Hanna und Simeon -

Gnade,

deiner sicher zu sein,

auf dich so lange warten zu können,

in der Sehnsucht nach dem Erlöser auszuhalten,

dich dann zu erkennen,

dich als das Licht zu erblicken,

dich zu preisen,

in dir Heil und Erlösung zu sehen,

darüber glücklich zu sein,

sich von dir aufgenommen zu fühlen,

dich als Erretter zu verstehen,

die Seligkeit des Himmels erwarten zu dürfen,

vom heiligen Geist geführt zu werden,

und sich führen zu lassen,

alles hinter sich lassen zu können

und nur dich zu sehen

und so dich als Glück erfahren zu dürfen.

Zwei alte Menschen zeigen uns den Weg

Zum Glück, zum Heil, zum Licht

zur Freude und zur Seligkeit

zur Auferstehung.

Wir können zu Lichtträgern werden,

zum Licht werden und Licht sein

für andere,

indem wir die Menschenfreundlichkeit Gottes

ausstrahlen,

verkünden und

weitergeben.

36

Wir sind Narren

Wenn wir Besitz und Reichtum

Wesentlich erstreben,

wenn wir alles tun,

um jung und schön zu bleiben,

wenn wir materielle Güter

über vieles setzen,

wenn wir Macht

über andere Menschen anstreben,

wenn wir Karriere und Ansehen

für sehr wichtig halten,

wenn die Sorgen

um unser Auskommen und unsere Zukunft

uns ganz in Besitz nehmen,

wenn wir uns etwas vormachen,

wenn wir die Realität des Todes

verdrängen und nicht wahrhaben wollen,

wenn wir uns wichtig nehmen,

wenn wir zurückzahlen,

was uns angetan wurde.

Dann sind wir Narren,

weil wir nicht einsehen wollen,

dass unser Leben auf Erden endlich ist,

dass unser Ziel

das Leben nach dem irdischen ist,

dass aber das eigentliche Leben

ewig dauert.

Wer weiß,

dass Gott sich um uns sorgt,

dass er uns eine Wohnung bereitet

und auf uns wartet,

weil er uns liebt,

dass wir zum Dienen aufgerufen sind,

zu Bescheidenheit, Demut und Barmherzigkeit,

Verzeihen und Entgegenkommen,

dass nicht der Sieg über andere

sondern der Dienst am anderen

unser Auftrag ist,

dass wir unsere Maßstäbe

an Gottes Botschaft auszurichten haben,

der kann sich freuen und glücklich sein.

Denn wer am Ende lachen kann,

der ist kein Narr,

weil er Gott in seinem Leben wichtig nimmt

wie auch seine Schwestern und Brüder.

Im Bewusstsein von Gottes Liebe und Barmherzigkeit

Zum Lachen kommen,

das ist wahrer Frohsinn.

37

Wenn du wüsstest

(3. Fastensonntag A – Joh 4)

Wenn du wüsstest,

dass ich jeden liebe,

dass ich jeden willkommen heiße,

dass ich dem Gefallenen beim Aufstehen helfe,

dass ich ihn stützen will,

dass ich jedem Verachteten

zu Ansehen verhelfen will,

dass ich jedem Ausgegrenzten

Achtung und Respekt erweise

Als meiner Schwester und meinem Bruder.

Wenn du wüsstest,

dass ich deine Tränen trockne,

dass ich dir Freude schenken will,

wenn du traurig bist,

dass ich deine Armut

in Reichtum verwandle,

dass ich deine Ödnis

eine blühende Landschaft werden lasse,

dass ich deinen Tod

zum Leben erwecke.

Wenn du wüsstest,

wer ich bin,

dass ich dein Heil bin,

deine Rettung,

dein Trost,

dass ich dir die Treue halte,

dass ich dich trage und lenke,

dass ich bei dir bin,

dass ich dich liebe

bis in den Tod.

Wenn du wüsstest,

dass ich alles wende:

Verachtung in Achtung,

Fallen in Aufstehen,

Untreue in Treue,

Hass in Liebe,

Ausgrenzung in Willkommen,

Trauer in Freude,

Vereinsamung in Zuspruch,

Tod in Leben.

Ja, ich bin der Quell deines Lebens.

Wenn du das alles wirklich wüsstest,

würdest du mir folgen.

Wenn dur wirklich glaubtest

Und Ja zu mir sagen würdest,

dann wärest du ein anderer Mensch,

würden Glück und Freude in dir sein

und von dir ausgehen

durch mich.

Wie die Frau am Jakobsbrunnen

Lass uns erkennen,

wer du bist!

38

Jesus ruft
(5. Fastensonntag, Joh. 11)

Jesus ruft.

Er ruft Lazarus,

seinen Freund.

Er ruft mich,

seinen Freund.

Er ruft dich,

seinen Freund.

Er ruft uns alle,

seine Freunde.

Er wartet.

Lazarus kommt.

Und wir?

Hören wir seinen Ruf?

Folgen wir ihm?

Lazarus wird von seinen Binden befreit.

Auch wir sind gebunden,

eingemauert im Gefängnis unserer Alltagssorgen,

unseres Wohlstandbemühens,

unseres Egoismus und

unserer Anstrengungen um Wohlbefinden.

Gefangenschaften,

in die wir uns oft selbst manövriert haben

oder uns haben steuern lassen.

Christus will uns unsere Binden nehmen,

er will uns befreien

aus den Gräbern unseres Strebens.

Er will die Steine, die uns als Mauern behindern,

wegräumen durch sein Ostern.

Er will unseren Blick wieder weiten

Für das Wesentliche:

Seine Botschaft von der Errettung,

Erlösung und vom Leben.

Jesus ruft uns

als seine Freunde.

Er will unser Bruder sein.

Er weist hin auf Kreuz und Auferstehung.

Er will, dass auch wir ausbrechen

Aus unserem Gefängnis, dem Tod,

aufbrechen, ihm folgen,

die Nischen unseres Lebens verlassen.

Lazarus war nur der Anfang.

Bei uns soll es weitergehen.

Es geht um den Himmel,

das Leben bei Gott,

um ewige Freude.

Jesus ruft uns.

Er wartet auf mich

Und dich.

39

Mitgehen

(Lk 24 nach Emmaus)

Sie sind unterwegs

Wie wir.

Sie sind sehr beschäftigt

Wie wir.

Mit sich und ihrem Leben

Wie wir.

Sie sehen ihn

Wie wir.

Sie erkennen ihn nicht

Wie wir.

Sie bleiben blind

Wie wir.

Aber sie spüren,

dass er nicht irgendein Mensch ist.

Er geht und spricht mit ihnen

Wie mit uns.

Ihr Herz wird berührt.

Es wird durch ihn entzündet.

Wie ist es mit uns?

Er stellt sich an ihre Seite

Und an unsere.

Er öffnet ihren Blick

Durch seine Worte und seine Tat.

Er will auch unseren Blick öffnen.

Durch ihn geschieht ihre Verwandlung

Und auch unsere.

Er führt sie zur Erkenntnis

Und zum Aufbruch,

zur Initiative und zur Freude.

Sie sind und werden bewegt,

weil sie von ihm überzeugt sind.

Sie wissen nun, wer er ist.

Die Entzündung ihrer Herzen

Führt zur Botschaft von der Liebe,

die sie weitergeben – voll Freude.

Es ist die Botschaft vom ewigen Leben

Auch für uns.

Ihr Leben ist verändert

Und auch das unsrige.

Aus Niedergeschlagenheit über den Tod

Und das Ende ihrer Hoffnung

Wird Freude über das Leben

Und den Anfang der Erfüllung

Durch ihn

Auch für uns.

Geh auch mit uns, Herr!

Sprich zu uns!

Mach unser Herz brennen!

Lass uns aufbrechen

Und Zeugnis geben

Vom Glauben und der Liebe!

40

Mein Herr und mein Gott
(Joh 20,26ff Thomas)

„Mein Herr und mein Gott!"

Bekenntnis – über jeden Zweifel erhaben.

Bekenntnis, das alle Sünden hinter sich lässt.

Bekenntnis – Ausdruck der Liebe.

Bekenntnis des Vertrauens ohne Wenn und Aber.

Bekenntnis, das keiner weiteren Worte bedarf.

Bekenntnis, das uns nahegeht,

das eine Gänsehaut verursacht. –

Warum?

Bekenntnis der Hingabe

Bekenntnis der Demut

Bekenntnis der Anbetung

Bekenntnis der Nachfolge.

Bekenntnis des Gehorsams.

Bekenntnis des Überzeugtseins,

Bekenntnis – Nachweis des Wirkens

Des Heiligen Geistes.

Bekenntnis, das gilt.

Bekenntnis, das alles aussagt,

Bekenntnis - Summe meines Glaubens.

Mein Herr und mein Gott!

41

Heimat haben

(5, So n. O. Joh 14)

Heimatlos –

Entwurzelt sein

Wohnungslos –

Nicht wissen, wohin man gehört

Verirrt –

Den Weg nicht kennen

Ausweglos –

Ohne Perspektive und Hoffnung sein

Vereinsamt –

Ohne Zuspruch und Zuwendung leben

Ziellos –

Ohne Ausblick auf ein Wegende gehen

Blind sein –

Im Dunkeln leben müssen

Haltlos –

Ohne Begleitung und Anleitung auskommen müssen.

Heimat haben,

wenn wir verwurzelt sind im Glauben

und auf Christus hören.

Wohnungen sind bereitet

Voll Licht und Schönheit,

wenn wir zu Christus gehören.

Ein Leben voll Leuchtkraft und Fülle

Scheint am Horizont auf.

Ein Ziel wird uns also gegeben

Und der Weg ist vorgezeichnet durch Christus.

Am Ende werden wir aufgenommen

Und mit weit offenen Armen empfangen.

Nach einem Weg voll Zuspruch,

In Treue und mit Barmherzigkeit

liebevoll und umsichtig begleitet –

die Hand ist immer ausgestreckt.

Alle Finsternis kann hinter uns bleiben,

weil Christus unser Leben

durch sein Versprechen erhellt

und uns ihn erkennen lässt.

Wenn wir Christus suchen,

wird er uns Heimat schenken,

nicht irgendeine Wohnung,

sondern ein Sein

in Freude und Glückseligkeit.

Bleibt uns nur,

ihm zu vertrauen,

an ihn als Sohn Gottes zu glauben

und an seine Botschaft -

und seine Liebe und sein Verständnis

an unsere Mitmenschen weiterzugeben.

42

Perspektivwechsel
(Mt 11,25 ff. 14. So i J A)

Wir leben mit der Last unserer Zwänge,

unserer Vorstellungen vom Leben,

vom Verhalten der Menschen.

Dabei sind wir oft Gefangene unserer Erwartungen.

Sie werden zu Gesetzen unseres Lebens.

„Kommt zu mir, die ihr beladen seid."

Christus lädt uns ein.

Er will unserem Leben

Eine neue Perspektive geben,

uns frei machen.

Er ist offen für uns mit all unseren Zwängen.

Sind wir bereit, uns an ihn zu wenden,

ihm zu vertrauen,

ihn einzubeziehen in das, was uns umtreibt?

Nehmen wir ihn ernst?

„Lernt von mir!"

Sind wir bereit, seine Botschaft anzuhören,

uns mit ihr auseinanderzusetzen,

uns Zeit zu nehmen für seine Worte,

unsere Erwartungen zu überprüfen,

uns zu hinterfragen?

„Ich bin gütig."

Er meint es gut mit uns.

Er ist unser Bruder.

Jeder von uns ist ihm wichtig.

Er will uns helfen,

über die Zwänge unseres Lebens hinauszukommen,

weil er uns liebt.

Wird es uns gelingen,

seine Botschaft ernst zu nehmen

und ihm vertrauensvoll und demütig zu begegnen

wie er uns?

Dazu müssten wir unsere vermeintliche

Weisheit und Klugheit überwinden können

Und unsere Vorstellungen und Erwartungen

hinter uns lassen,

um bescheiden vor ihn hintreten zu können.

43

Unsere angstfreie Zukunft
(Mt 28)

Wir haben Angst vor dem Versagen,

vor dem Verlust eines lieben Menschen,

vor dem finanziellen Ruin,

vor einer schweren Krankheit,

vor Einsamkeit, Verlassenheit

und dem Tod.

Schmerzen, Leiden, Not,

Schande und Schmach wollen wir vermeiden.

Dabei kreisen wir um uns.

- Ängste des diesseitigen Menschen -

Und Christus?

Gethsemane?

Auch Christus hatte Angst,

weil er Mensch war – einer von uns.

Wie geht er mit seiner Angst um?

Er wendet sich an seinen Vater.

Er weiß um seine Liebe,

um seinen Beistand und seine Barmherzigkeit.

Der Kreuzestod fand dennoch statt,

weil er uns aus Liebe erlösen und befreien wollte

von Versagen und Tod.

Wie ist es nun mit unseren Ängsten für uns Christen?

„Fürchtet euch nicht!" sagt Christus.

„Ich bin bei euch."

Vertraut mir!

Denkt an meine Taten und meine Botschaft!

Unser Blick richtet sich auf

unsere irdischen Ziele und Wünsche.

Christus ist aber nicht Unternehmensberater,

noch Finanzfachmann,

noch Psychotherapeut,

noch Kommunikationstrainer.

Gott weiß um unsere irdischen Ängste.

Er will uns dabei helfen,

sie zu überwinden, den Blick zu wenden.

Er kümmert sich um uns

Aber anders als wir es jeweils wünschen.

Er löst nicht unsere irdischen Probleme für uns.

Es geht um seine Botschaft.

Angst – und doch Vertrauen.

Leid - und doch Aussicht auf Erlösung.

Gott schaut über das Jetzt hinaus.

Aus Barmherzigkeit und Liebe schenkt er uns

Eine großartige Zukunft

Und Befreiung von Angst -

Frei für die Glückseligkeit.

Er wartet auf deine Reaktion.

Christus wird dein Licht sein.

44

Gottes Weg ist anders
(Mt 16, 21 ff.)

Petrus bekennt sich zu Christus

Als dem Sohn Gottes.

Er liebt ihn

Und will nicht seinen Tod.

Er will Leiden und Schmach

Für ihn vermeiden.

Er ist in Angst um ihn

Und um sein Leben.

Er will ihn weiter bei sich haben,

In seiner Nähe.

Er weiß um die Bedeutung

Der Gemeinschaft mit ihm.

Er denkt menschlich

Wie auch wir denken und fühlen.

Er will nicht Tod und Leid

Wie auch wir es nicht wollen.

Er will das Leben fortführen wie es ist.

Es soll sich nicht ändern,

weil er den Weg, wie er ihn erlebt,

als gut und angemessen ansieht.

Christi Tod ist unsere Rettung.

Sein Kreuz ist unser Heil.

Gott denkt weiter,

er denkt über das irdische Leben hinaus.

Unser Heil findet sich nicht hier

Sondern bei ihm –

In der Zukunft.

Von unserer Zukunft bei Gott

Soll unser Leben bestimmt sein.

Von Kreuz und Auferstehung her

Ist unser Leben bestimmt

Und erhält daher seinen Sinn.

Was wir gern übersehen wollen,

ist der Kern unseres Lebens

und seine Bestimmung.

Nicht Wohlstand und Wohlbefinden,

- Unser Bestreben –

Bestimmen unseren Weg.

Christi Botschaft ist unsere Bestimmung.

Gottes Weg ist anders.

Der Weg ist hart aber voller Hoffnung.

45

Vom Geben und Beschenktsein
(Mt 22, 15 ff.)

Geben kann nur der,

der sich dem Du zuwenden kann,

der neben den eigenen Sorgen und Beschwerden

die Nöte, Ängste und Probleme

der Anderen wahrnehmen kann,

der offen für den Anderen bleibt,

sich für ihn einsetzt,

ihm hilft,

ihm zuhört,

bei ihm ist.

Der erkennt im Anderen

Ein Abbild Gottes.

Dem begegnet im Anderen Gott,

der uns jeden Tag seine Treue schenkt,

seinen Beistand,

der uns selig machen will,

erlösen und befreien will vom Tod.

Helden sind wir nicht.

Gott erwartet auch kein Heldentum

Sondern Dank, Demut, Vertrauen,

Glaube, Hingabe und Liebe.

Geben kann nur der,

der vertraut, der liebt,

der mitfühlend ist.

Wer Gott vertraut und

An ihn glaubt,

sich Zeit für ihn nimmt,

ihm zuhört und

seiner Botschaft folgt,

ist ein Beschenkter

und sollte auch geben und schenken.

„Gebt Gott, was Gottes ist."

So werden wir zum Abbild Gottes.

46

Talente zum Wirken
(Mt 25, 14 ff.)

Talente sind Geld,

viel Geld,

ein Vermögen.

Der Herr schenkt seinen Dienern ein Vermögen.

Er vertraut ihnen ein Vermögen an.

Er vertraut ihnen.

Er traut ihnen etwas zu.

So lässt er sie zurück,

weil er sich auf sie verlässt.

Der vermag viel,

der erhalten hat.

Wer sein Vermögen aber vergräbt,

es nicht nutzt,

es nicht einsetzt,

nicht damit arbeitet,

hat totes Kapital.

Es bleibt unwirksam.

Wer es einsetzt und

Damit arbeitet,

der traut sich,

schafft etwas,

entwickelt etwas,

wird tätig.

Die Bilanz stimmt.

Das Vertrauen in ihn hat sich gelohnt,

weil seine Fähigkeiten und

Möglichkeiten zum Nutzen werden.

Gottes Erwartungen erfüllen sich.

Er hat uns Fähigkeiten anvertraut,

unterschiedliche und nicht gleich viele,

die Verpflichtung sind.

Verpflichtungen, Aufforderungen

Zum Einsatz, zum Wirksamwerden.

Aus der Unterschiedlichkeit

ergibt sich ein großes Ganzes,

eine große Wirkung

auf die Menschen,

die uns anvertraut sind

als Schwestern und Brüder.

Gott traut uns viel zu,

er verlässt sich auf uns,

auf dass unser Vermögen

Wirkung zeigt

Im Kleinen wie im Großen.

Durch Gottes Geschenk

Können wir etwas bewirken.

Gott sei Dank!

47

Und doch bist du mein Vater

(1. Advent B Jes 64)

Wie oft hast du mir

Die Möglichkeit gegeben,

für andere da zu sein,

ihnen zu helfen.

Wie oft habe ich Chancen

Von dir erhalten,

anderen zu vergeben,

auf sie zuzugehen.

Wie oft habe ich Chancen und Möglichkeiten

Verstreichen lassen oder verpasst.

Wie oft hast du auf meine Fähigkeiten gesetzt,

die du mir gegeben hast.

Wie oft hast du meinem Willen,

meiner Entschlossenheit und Konsequenz vertraut,

deine Botschaft im Alltag umzusetzen.

Wie oft hast du nur ein wenig Zeit

Für dich erwartet oder

Offenheit für deinen Anruf.

Mein Wissen darum,

dass ich oft Deinen Erwartungen

nicht entsprochen habe,

Macht mich betroffen.

Beschämt schaue ich vor mich.

Und doch bist du, Herr, mein Vater.

Wie oft hast du mich angeschaut

Und hast verstehend und wissend gelächelt.

Wie oft hast du deinen Arm ausgestreckt

Und mir aufgeholfen.

Wie oft hast du Geduld mit mir gehabt.

Wie oft hast du mich nicht bedrängt,

sondern hast auf mich gewartet.

Wie oft hast du deinen Anruf wiederholt,

laut, leise und freundlich.

Wie oft warst du nachsichtig mit mir,

warst gütig und barmherzig,

langmütig und treu.

Denn du bist mein Vater,

der zu mir steht

und zu mir hält.

Zu Dir blicke ich auf.

„Dein Stecken und Dein Stab

Geben mir Zuversicht."

Hier bin ich, Dein Kind.

Habe Dank mein Vater!

48

Gott verwandelt alles

(Advent – Weihnachten)

Warten,

weiterhin warten, warten….

Nichts geschieht.

Alles läuft gleichförmig dahin.

Das macht müde,

nachlässig, gleichgültig.

Man gibt schließlich auf

Und wendet sich anderen Dingen zu.

Das Leben geht weiter

Wie bisher.

Dann unerwartet

Und ganz anders

Als erwartet

Geschieht etwas,

ändert alles.

Fast unbemerkt

Bricht ein Ereignis ein,

das sprachlos macht,

weil es so unerwartet anders ist

und so radikal

meine Existenz, meine Zukunft,

mein Leben verändert.

Dabei bleibt vieles unverständlich,

weil menschlich nicht nachvollziehbar.

Gottes Liebe bricht in unser Leben ein –

So unerwartet anders,

so radikal, so leise,

unauffällig

und fast unbemerkt.

Maria – zunächst erschrocken –

Öffnet sich, hört hin,

nimmt wahr,

ist bereit,

überlässt sich Gott,

obwohl sie im Einzelnen nicht versteht,

aber mit dem Herzen erfasst.

Sie ist das Werkzeug Gottes.

Sie weiß,

dass es um die Liebe unseres Vaters

zu uns Menschen geht.

Ihr kann man nur

Mit Demut begegnen.

„Ich bin die Magd des Herrn."

„Es soll so geschehen,

wie Du es gesagt hast."

Wollen wir ihr folgen?

49

Der Stern, dem wir folgen
(Fest der Erscheinung 6. Jan.)

Sie werden zu Menschen der Freude

Nach all den Strapazen

Nach all dem Suchen

Und Forschen

Nach den weiten Wegen

Und Umwegen

Mit all den Gefahren.

Sie haben nicht nachgelassen

und nicht aufgegeben.

Sie waren sich sicher

Und überzeugt,

dass etwas Einschneidendes,

Entscheidendes geschehen war,

obwohl sie nicht jüdischen Glaubens waren.

Endlich finden sie den,

den sie gesucht haben.

Sie knien nieder und
Überreichen ihre Geschenke,
dem König des Lebens.

Sie freuen sich,
weil sie beschenkt wurden
mit seinem Kommen.
Ihr Leben hatte ein Ziel
Und bekam einen Sinn
Durch ihren Stern,
Jesus Christus,
der alles verändert
und heil macht.

Welchem Stern folgen wir?

50

Dienen in der Stille
(Mk 1, 35ff.)

Viele Menschen sind versammelt

Und warten auf seinen Auftritt.

Sie drängen sich hinter den Absperrgittern.

Alle sind in Aufregung,

die Spannung steigt.

Da erscheint er.

Er hebt die Arme,

steht da in Siegerpose.

Sie schreien,

einige fallen in Ohnmacht.

„Alle suchen dich."

Jesus zieht sich zurück.

Er sucht die Stille,

die Einsamkeit.

Er spricht mit seinem Vater,

sucht seine Nähe,

um Kraft und Orientierung zu finden.

Er will keinen Auftritt.

Er wirkt durch Worte und Taten

Ohne Gehabe und Aufwand,

ohne laute Töne.

Er will dienen in der Stille.

Er will, dass auch wir dienen

In seiner Nachfolge

Ohne Gehabe und Aufhebens.

Er will, dass wir die Nähe zu unserem Vater suchen,

um Kraft und Orientierung zu finden

für den Dienst am Menschen

in seinem Namen

und in seiner Nachfolge

in der Stille und unauffällig.

51

Rein werden
Mk 1, 40 ff.)

Mitleid –

Menschliche Haltung der Liebe

Göttliches Handeln des Erbarmens

Und der Heilung.

Berührung

Schafft Heilsein,

Verbundensein,

Öffnung und Hinwendung,

Erkennen,

Und Frei werden von Gesetzen,

Einbezogen und

Aufgenommen sein,

Rein werden

Durch Vertrauen, Bitte und

Gnade

Und so eins werden,

neues Leben erhalten,

neue Perspektiven

durch liebende Zuwendung

des Gottessohnes -

unsere Glückseligkeit.

52

Was bleibt

Wollen wir nicht alle

Die schönen Momente festhalten?

„Schade, dass es schon vorbei ist."

Aber wir können immer davon zehren,

weil sie uns erhalten bleiben –

aber anders als konkret erfahr- und erlebbar.

Sie sind in uns.

Wir können sie immer wieder abrufen.

So geht es auch den Aposteln

In verschiedenen Situationen mit Jesus

Wie auf dem Berg Tabor.

„Hier lasst uns drei Hütten bauen."

Der verklärte und geliebte Gottessohn

Bleibt ihnen und auch uns erhalten.

Das reicht uns oft nicht,

auch nicht Gewissheiten und Zusagen.

„Dies ist mein geliebter Sohn."

Und wir sind seine geliebten Kinder

Mit Aussicht auf Erlösung und Auferstehung.

Reicht das nicht?

53

Mein Leib für euch

Mein Leben für dich,

Meine Für-sorge für dich,

mein Opfer für dich,

meine Hin-gabe an dich,

meine ganze Liebe für dich,

mein Dienst an dir.

So wird Freude für dich,

erhältst du Leben.

Dein Diener sein,

damit es dir gut geht,

damit du frei wirst

zum Leben,

damit du Liebe erfährst,

um Beispiel zu geben.

Aus dir und mir

Werden viele,

entsteht Verbundenheit,

Verwobenheit.

Aus Deinem Leben für uns

Wird ein Tod aus Liebe,

wird Auferstehung.

Welch einzigartiges Geschenk,

das sprachlos macht,

betroffen,

beglückt.

54

Das Leben ruft

Ich kenne dich.

Du kennst mich.

Ich weiß um dich.

Du weißt um mich.

Ich rufe dich bei deinem Namen.

Du hörst, wenn ich rufe

Und du weißt,

wer dich ruft.

Du erkennst mich.

Es ist das Leben, das ruft,

die Barmherzigkeit,

die Liebe.

Ich erwarte dich zum Leben,

zum Leben bei mir,

- vereint mit dir

in Freude und Glückseligkeit.

Seit Ostern ist der Weg offen.

Die Liebe und das Leben siegen.

Halleluja.

55

Verschlossene Türen
(Joh 20)

Verschlossene Türen

Bei der Geburt des Herrn.

Verschlossene Türen

Nach der Auferstehung Jesu.

Doch Gott lässt sich nicht abhalten,

auch nicht von verschlossenen Türen.

Er dringt in unsere Welt ein,

weil er sie und uns erneuern will

durch seinen Sohn Jesus Christus.

Mit ihm beginnt das Leben neu.

Das verstanden die Hirten auf dem Feld,

die Weisen aus dem Morgenland,

die Kranken, Sünder und Zöllner

und die Apostel.

„Sie freuten sich, als sie den Herrn sahen."

Mit Christi Kommen,

Tod und Auferstehung

Wird alles anders, neu,

beginnt für uns eine Lebenswende.

Er verändert alles radikal

Zu unserem Heil.

Wer den Herrn sieht und erkennt,

kann sich nur freuen.

Halleluja

56

Die Macht der Berührung
(LK 24, 36 ff.)

Sie glaubten noch nicht

An die Auferstehung.

Die Trauer war übermächtig,

der Verlust zu stark.

Alle Hoffnungen waren zunichte.

Sie schlossen die Türen,

sie zogen sich zurück.

Die Wirklichkeit, die Erfahrung

Hatten ihr Herz verschlossen.

Christus durchbricht das alles.

„Fasst mich an!

Ich bin es."

Er öffnet ihre Herzen,

er bereitet ihre Sinne

für die Wirklichkeit seines Lebens,

seiner Auferstehung,

die zur Auferstehung wird

für alle, die glauben – aus Liebe.

Aus dem anfänglichen Erschrecken

Und der Bestürzung

Werden Freude, Glaube

Und Verstehen

Und letztlich Vergebung der Sünden

für alle, die glauben – aus Liebe.

Glückseligkeit der Glaubenden

Auf Grund der Berührung.

Halleluja.

57

Angebot – Aussicht – Zusage

Es steht

Das Angebot zum Glauben,

zur Nachfolge Christi,

zur Demut und

zur Hingabe.

Daraus entstehen

Die Aussicht auf Leben,

auf Erlösung,

auf Freude,

auf Glückseligkeit und

auf Freisein.

Durch Zusage

Des Heiligen Geistes,

von Erbarmen,

von Liebe,

von Treue und

von Güte.

Was zögern wir noch?

Gott will uns.

Vertrauen wir uns ihm an!

58

Christus schläft nicht
(Mk 4 35 ff.)

Er schläft – im Boot.

Schläft er wirklich?

Schlafen nicht wir?

Verschlafen wir das Wesentliche?

Will der Sturm uns aufrütteln?

Will er uns aufwecken?

Will er uns bewusst werden lassen,

dass er mit uns im Boot ist;

dass er bei uns ist

in allen Stürmen,

Bedrohungen und Gefahren;

Dass er allein der Herr ist

Über Stürme,

Tod und Leben.

Nein, er schläft nie.

Unter seinem Schutz

Und in seinem Boot

Lässt sich gut wachen

Und leben,

wenn wir nur auf ihn vertrauen

und an ihn glauben,

damit er uns nicht schlafend findet.

59

Er nahm ihn beiseite
(23. So i J B)

Er kam zu ihm,

wandte sich ihm zu,

weil er ihm vertraute,

weil er auf ihn hoffte.

Er – der Taubstumme,

an der vollen Lebensteilnahme gehindert,

aber mit innerer Stimme

und Gehör für die Sprache der Seele.

Christus wendet sich ihm zu,

er berührt ihn,

seinen Körper.

Eine intime Begegnung,

eine Begegnung in der Stille

und der Zweisamkeit,

ein vertrauliches Du und Ich

von Mensch zu Mensch,

von Gott zum Menschen,

vom Menschen zu Gott

ohne große Worte

geprägt von Zuwendung

mit dem Geschenk des vollen Lebens

mit neuem Sinn

und neuer Perspektive

auf Grund des Vertrauens

durch Gottes Macht und Liebe.

Seine Seele ist berührt,

seine Augen und Ohren öffnen sich.

60

Zu Christus führen
(Mk 7,31 ff.)

Man brachte ihn zu Christus.

Menschen, die es gut mit ihm meinten,

die von Christus wussten

und Christus vertrauten,

seine Taten kannten

und auf seine Macht hofften

und den Kranken Christus anvertrauten.

Er ließ sich führen,

der ohne Stimme und Gehör war,

zur Begegnung,

zum Menschen,

der an ihm interessiert ist,

der sein Heil und seine Rettung ist.

Er vertraut sich seinen Mitmenschen an,

ihrem Glauben an Christus,

in dessen Hände er sein Geschick legt.

Er ließ sich von ihm berühren,

weil er auf ihn setzt,

und wird geheilt

zur Teilhabe am vollen Leben.

So kann auch er

Menschen zu Christus führen,

zur liebenden Zuwendung

in der Stille der Begegnung.

61

Weihnachten - Der gerade Weg zum Menschen

Wüste des Lebens:

- Der Ichbezogenheit
- Der Angst vor Wohlstandsverlust
- Der Selbstsucht
- Der Engstirnigkeit und Verschlossenheit
- Der Selbstüberschätzung
- Der Wichtigtuerei
- Der Glaubensferne

Blühende, fruchtbare Landschaft:

- Der Hinwendung zum Anderen
- Der Bescheidenheit und Demut
- Der Hilfsbereitschaft
- Der Fürsorge
- Des Dienens
- Der Verzichts zugunsten Anderer
- Des Vertrauens auf Gott.

Weihnachten –

Der gerade Weg Gottes zum Menschen.

Arm und hilflos im Stall

Mit einem großen Herzen für uns.

Der Weg zu Gott

Führt über die Liebe zum Menschen.

62

Was er euch sagt, das tut
(Joh 2; Hochzeit zu Kanaa)

„Sie haben keinen Wein mehr"

Hinweis an Gott,

was er tun soll.

Ausdruck aber auch,

wie sehr wir seiner Macht vertrauen.

Er soll handeln,

wie wir es uns vorstellen.

„Meine Stunde ist noch nicht gekommen."

Gott geht seinen Weg.

Unsere Anliegen und Bitten

Sind ihm aber wichtig.

Sein Handeln bestimmt er selbst

In unserem Sinn:

Was, wann und wie.

Er ist unser fürsorgender Vater.

„Was er euch sagt, das tut."

Vertrauen wir ihm?

Handeln wir in seinem Sinne?

Ist uns seine frohe Botschaft gegenwärtig?

Glauben wir an seine Liebe?

Setzen wir sie selbst um?

Dann kann Verwandlung geschehen

Wie Wasser in Wein

In unerwarteter Größe,

im Übermaß

durch seine Liebe und Zuwendung.

Wir werden zu seinen Kindern.

Unser Leben liegt in seinen fürsorglichen Händen.

Durch unser Vertrauen und unsere Demut.

63

„Wenn du es sagst…"
(Lk 5, 1 ff.)

Meine Erfahrung ist wichtig,

weist mir den Weg,

den sicheren.

Sie ist für mich Weg weisend.

Und Christus?

Er stellt in Frage

Unsere Sicherheit,

das Selbstverständliche.

Er weiß mehr, alles

Und weist den Weg,

aber einen anderen,

göttlichen und menschlichen.

Er ist Weg weisend.

Er ist der liebende und wissende Gott.

Petrus wirft seine Erfahrung über Bord.

Er vertraut seinem Gott

Und dessen Sohn:

„Wenn du es sagst…"

So beschreibt er einen neuen Weg,

Gottes Weg,

den sicheren,

der zum Ziel führt.

64

Gottes Gerechtigkeit
(Lk 15)

Unser Recht ist uns wichtig.

Wir reagieren empfindlich,

wenn wir uns benachteiligt fühlen.

Wir haben unsere Maßstäbe,

unseren Sinn für Gerechtigkeit –

Selbstgerechtigkeit? –

„Hier ist Schluss!"

„Das geht gar nicht."

Bei Gott ist nie Schluss.

Bei ihm geht es immer noch.

Er hat andere Maßstäbe.

Er bleibt immer Vater

Und wir seine Kinder –

Trotz allem.

Er will uns in seine Arme schließen

Und sich für und mit uns freuen,

wenn wir zu ihm zurückfinden.

Welches Maß an Güte und Liebe !

Fernab von Gerechtigkeit und Recht!

Nicht menschlich,

sondern bewegend gottväterlich.

Gott sei Dank!

65

Gott hat andere Regeln

(Joh 8)

Sie zeigen mit Fingern auf sie,

sie zerren sie in die Öffentlichkeit,

sie stellen sie bloß,

sie verurteilen sie,

die Ehebrecherin

gemäß des Gesetzes des Mose.

Wir verurteilen Menschen

Gemäß unserer Regeln und Erwartungen.

Wir erheben uns über sie.

Wir maßen uns Urteile über sie an

Wir setzen uns von „denen" ab.

Was gibt uns die Berechtigung dazu?

Christus bezieht Position:

„Ich verurteile dich nicht."

Auch nicht deinen Partner

Trotz des Gesetzes des Mose

Trotz der gültigen Regeln

Trotz der Sünde.

Die Regeln Gottes sind anders.

Seine Gesetze sind Güte, Barmherzigkeit und Liebe

Trotz unserer Sünden und Fehler.

Er gibt uns allen eine Chance,

weil er uns retten will.

Die Menschen ziehen sich von der Ehebrecherin
zurück.

Christus bleibt bei ihr.

Er bleibt auch bei uns

- Trotzdem.

66

Das Kapitel „Jesus" ist nicht beendet
(2. So n O. Joh 21)

Sie sind sehr beschäftigt.

Der Alltag hat Besitz von ihnen ergriffen.

Das Kapitel „Jesus" ist beendet

- Eine Episode

Wie ist es mit uns heute?

Jesus lässt sie nicht los.

Unerwartet ist er da.

Er ist präsent.

Nur Johannes erkennt ihn,

weil er ihn liebt.

Jesus stellt alles auf den Kopf:

Ein großer Fischfang ist möglich.

Er bricht in ihr Leben ein.

Das Kapitel „Jesus" ist nicht beendet.

Aus dem nicht-Wissen
Wird Erkennen.
Sie sehen ihn,
weil er alles verändert.
Sie begeistern sich
Und freuen sich.

Wie ist es mit uns heute?

Sie wissen nun,
dass er bei ihnen ist und bleibt,
in ihnen Wesentliches bewirken will.

Er hat sie verändert.
Ihr Alltag hat sich verändert.
Aus Blindheit wird Sehen,
aus Enttäuschung Freude,
aus Unsicherheit Gewissheit,
aus Alltagsgebundenheit wird Freiheit,
Öffnung für Zuwendung, Treue und Liebe.

Wie ist es mit uns heute?

67
Dein großes „Ja" zu mir

Du, Jesus Christus,

als Brot in meiner Hand.

Du, mein Erretter und Erlöser,

Du Sohn meines Schöpfers,

des Allmächtigen,

Du liegst in der Hand deines Kindes.

Dein großes „Ja" zu mir.

Ich trage dich,

obwohl doch du mich trägst.

Du gibst dich in meine Hand,

damit ich etwas tue mit deiner Hilfe.

Du machst dich klein

Und vertraust dich mir an,

obwohl ich schwach bin

und auf deine Hilfe angewiesen bin.

Dein großes „Ja" zu mir.

Du willst in mir sein,

ein Teil von mir.

Du gibst mir Kraft

Durch dein Wirken in mir.

Du glaubst an mich.

Du willst mein sein

Und ich soll dein werden.

Du in meinem Herzen.

Dein großes „Ja" zu mir.

Du und ich.

Du Gott und ich Mensch.

„Herr, ich bin nicht würdig."

Doch lass mich

in deinen Händen geborgen sein.

„In deine Hände lege ich mein Leben."

68

Abgründe tun sich auf
(26. So i J C)

Abgründe zwischen Wohl-Leben und Bedürftigkeit

Zwischen Liebe und Gleichgültigkeit

Zwischen Wahrnehmen und Übersehen

Zwischen Handeln und sich herausreden

Zwischen Selbstsucht und Dienstbereitschaft

Zwischen Hochmut, Erniedrigung und Aufhelfen

Abgründe zwischen Heil und Verderben

Heil ist möglich,

wenn wir das Wagnis der Liebe eingehen

wenn wir von uns absehen und den anderen
ernstnehmen

- unsere Schwester und unseren Bruder, unseren
Lazarus –.

Öffnen wir unsere Augen und unser Herz!

Begeben wir uns auf den Weg der Barmherzigkeit!

Gehen wir auf die zu, die uns brauchen,

die ihre Arme nach uns ausstrecken.

Dann werden Hügel eben

Und krumme Wege gerade.

69

Wo sind die anderen?

(28. So i J C)

Aussatz – Krankheit

Leben außerhalb der Gesellschaft

Auf Hilfe angewiesen

Keine Perspektive,

weil unheilbar

Leben unter der Last der Krankheit

Überraschende Heilung

Radikale Wende des Lebens

Rückkehr in die Gesellschaft

In das volle Leben

- Durch Jesu Wirken

- Durch sein Erbarmen

- Sein Mitleid, seine Liebe

- Seine Vollmacht

„Steh auf und geh"

- In das volle Leben
- In das helfende Tun
- In die Auferstehung

- In die Hinwendung zum Herrn und zum

Menschen

Aus Dankbarkeit

Christus macht den Menschen heil,

er handelt an uns,

den Aussätzigen,

er bereitet den Weg

zum Leben, zur Auferstehung.

Der Aussätzige wusste,

wem er das Leben zu verdanken hat

und dankte Gott.

„Wo sind die anderen neun?"

- Wir?

70

Vom Tragen und Getragen sein
(Lk 1, 39 ff.)

Maria trug Christus in sich

Zu Elisabeth und in die Welt –

Eine erbärmliche Welt.

Die Menschen wiesen ihn weitgehend ab,

bemerkten ihn nicht,

den Sohn Gottes – im Stall.

Engel mussten sie wachrütteln.

Sie waren voller Freude.

Maria trug Christus in die Welt – zu uns

Im Auftrag Gottes.

Christus trug unsere Vergehen

Gegen Gott und die Menschen

Nach Golgotha.

Er hat an uns getragen

Und trägt uns

Bis in unseren Tod und unsere Auferstehung.

Zu unserer Freude.

Er hat uns aufgetragen,

ihn und seine Botschaft aufzunehmen

und weiterzutragen zu den Menschen

und sie zu tragen

in ihrem Leid und ihrer Not.

So werden wir zu Licht-Trägern,

zu Trost- und Freude-Trägern.

Wir sind Getragene

Und werden zu Trägern

Wie Maria

In der Hoffnung auf ewige Freude.

Herstellung und Verlag:
BoD - Books on Demand, Norderstedt
ISBN 978-3-8423-1345-3

FSC
www.fsc.org

MIX

Papier aus ver-
antwortungsvollen
Quellen
Paper from
responsible sources

FSC® C105338